AF564060

IDÉES
D'UN OUVRIER

SUR

L'ORGANISATION DU TRAVAIL.

IDÉES

D'UN OUVRIER

SUR

L'ORGANISATION DU TRAVAIL.

DÉDIÉES

au Citoyen P.-E. LANJUINAIS aîné

par Paupe, entrepreneur de serrurerie.

PARIS.

RIGNOUX, IMPRIMEUR DE LA FACULTÉ DE MÉDECINE,

rue Monsieur-le-Prince, 29 *bis*.

SEPTEMBRE 1848

§ Ier.

Organisation du travail.

Le malaise qui règne aujourd'hui dans toute l'Europe et qui se fait particulièrement sentir en France tient surtout au passage d'un système ancien et usé à un nouveau dont la solution n'est pas encore résolue et que chacun de nous éprouve instinctivement sans pourtant en avoir triomphé, car de toutes les questions à résoudre, la plus difficile, sans contre dit, est celle de l'organisation du travail.

En effet, le travail est lié à l'existence de la société comme la circulation du sang l'est au corps humain ; si elle s'arrête, il périt aussitôt; du jour où le travail cesse d'être la base d'un État, son existence devient impossible.

Pénétré vivement de ce principe, les causes politiques, selon moi, ne sont que secondaires devant cette question, et leurs effets ne s'appliquent dans les commotions de la société qu'à la suite du malaise éprouvé par les classes laborieuses ; aussi je pense que la spontanéité des révolutions de juillet et de février tient surtout à ce qu'à ces époques la stagnation des affaires rendait ceux qui en ressentaient les effets plus sensibles aux attaques portées contre les libertés publiques.

Et je suis convaincu que si la sagesse des législateurs de la Restauration les avait portés à étudier pour l'avenir quels devaient être les moyens d'organiser le travail qu'il convenait de chercher en rapport avec l'accroissement de la population que le pain allait nécessairement apporter avec elle, je crois que le mal actuel serait presque nul; aussi ce malaise, qui à cette époque n'était qu'inaperçu, n'a-t-il fait que grandir d'une manière effrayante, et de la révolution de février est sortie une crise industrielle qui devait nécessairement se présenter.

L'industrie, rongée par un mal intérieur, la concurrence ruineuse, suite inévitable de l'agglomération des villes, devait recevoir à la suite de ces événements une commotion terrible.

Depuis quelques années, la consommation étant bien inférieure au produit, les magasins se sont emplis, la valeur des marchandises en a ressenti aussitôt une dépréciation très-grande, les fabricants, engagés dans leur avenir, se sont efforcés de produire beaucoup pour satisfaire à leurs engagements, mais cette production faite à des conditions onéreuses avait pour conséquence la ruine des entrepreneurs et pour résultat la fermeture des ateliers.

Dans cet état de choses, l'ouvrier ne trouve plus d'abord qu'à utiliser les deux tiers de son temps, puis après une inoccupation complète, et le résumé fatal de ce système retombe en réalité sur la société entière.

Un tel résultat démontre qu'il ne convient plus de suivre les errements d'un système qui, appliqué à d'autres époques, fonctionnait convenablement. En effet, la France, qui avant la révolution de 89 formait un état féodal, était constituée sous ce point de vue d'une manière toute rationnelle pour rattacher tout son ensemble à cette forme aristocratique; mais le renversement complet de ce système rend indispensable la recherche des moyens d'équilibrer les besoins de la société moderne avec nos mœurs politiques, afin que notre pays, un des plus peuplés et des plus fertiles du globe, puisse trouver dans cette solution l'exacte répartition de ces forces basées sur ces deux modes de son existence, l'industrie et l'agriculture.

Là est toute la question : c'est dans ces deux mobiles de son existence qu'il convient de la chercher car à l'aide de ces deux puissantes forces sagement réparties, la France pourra vivre avec sécurité dans un état de paix et d'union, puisqu'elle pourra assurer à chacun de ses enfants du travail et un avenir.

Aussi devons-nous accueillir favorablement l'homme qui vient saintement nous apporter le fruit de ses pensées dans cette importante question et mettre avec lui tous nos efforts en commun pour atteindre le but le plus promptement possible.

Comme nous l'avons vu tout à l'heure, aucune pensée de direction n'a encore été donnée à un système d'avenir; aussi l'agriculture et l'industrie ont-elles marché sans ordre, livrées à elles-mêmes; et comme cette dernière présentait aux hommes intelligents des chances d'établissement plus faciles, ou au moins un salaire plus élevé, les travaux agricoles se sont trouvés abandonnés par eux, le séjour des villes séduisant davantage, l'équilibre si important entre ses deux branches fut rompu, et bientôt l'agriculture dépérit pendant que l'industrie, embarrassée de sa grande population, ne pouvait plus trouver les moyens de la nourrir.

Aujourd'hui, les choses sont arrivées à ce point qu'il nous faut changer l'existence d'un grand nombre de familles, pour ne pas avoir recherché plus tôt les moyens d'organiser le travail.

Je n'ai d'autre prétention en écrivant ces lignes que celle de chercher les moyens de simplifier cette immense question ; ouvrier dès ma jeunesse, les vissicitudes de mon existence m'ont jeté tour à tour dans les deux carrières, et les idées qui suivent sont le résultat des réflexions ou des sentiments que m'ont suggérés mes impressions et aussi par l'expérience que j'ai pu acquérir.

J'ai, comme point de départ et pour premier principe, que tout système d'organisation qui attaque la propriété, la liberté individuelle, la liberté de l'industrie, est faux et inique.

Et c'est dans la nature même des choses, comme dans les idées les plus simples, qu'il faut rechercher cette organisation, car sans ces principes de vérité il ne peut y avoir de durée.

Aussi, je pense qu'il n'y a rien positivement à inventer, mais qu'il faut améliorer avec le mode le plus en rapport de notre état de société et de nos idées.

Les travailleurs ne se sont jamais fait illusion sur leur position ; ils savent qu'ils ne peuvent vivre sans travailler, que le travail est la source de la richesse, du contentement de soi-même et du bonheur ; aussi ne veulent-ils plus être exploités, et pour cela ils veulent des chefs, et non des maîtres.

Sous un gouvernement juste, chacun doit avoir ce qui lui appartient.

Le travailleur ne doit pas être à la discrétion du propriétaire ou de l'architecte, et le propriétaire à la discrétion du travailleur.

Que découle-t-il de tout ceci? que le principe de l'organisation est accepté avec reconnaissance par tous les travailleurs; que ce principe étant reconnu indispensable aux progrès de l'industrie, il convient de mettre tous nos efforts en commun pour nous livrer à sa recherche et apporter chacun sa pierre à l'édifice de la société future.

Par l'organisation du travail, j'entends une société suivant le même but, étant soumise soit par contrat, soit par engagements mutuels, à une loi commune, obéissant à un code librement débattu à l'avance par les délégués de tous, et soutenant mutuellement l'intérêt général au profit de tous, sans pour cela être enchaînés les uns aux autres par l'intérêt particulier.

Pour atteindre ce but, il faudrait nommer des conseils de prud'hommes dans chaque arrondissement ayant pour mission d'établir des tarifs réguliers entre l'entrepreneur et le propriétaire, de fixer également le prix de la main-d'œuvre entre l'ouvrier et le chef d'établissement, afin que celui-ci, soit qu'il travaille à la tâche ou à ses pièces, puisse profiter de son travail suivant son intelligence et son courage.

Pour l'ouvrier, il n'est point d'énumération plus forte que la possibilité d'être en face de son travail affranchi de toute oppression.

Non-seulement il produira mieux, mais il travaillera davantage; car responsable sous sa garantie, il mettra sa dignité à bien faire, et son intelligence s'évertuera à produire beaucoup, ce qu'à la journée il ne songerait pas.

Chaque travail sera tarifé. La répartition du salaire s'opèrerait ainsi :

La moitié des travaux terminée, l'entrepreneur recevrait la moitié environ du prix, et l'autre moitié à la fin des travaux.

L'entrepreneur est responsable de ses travaux.

L'ouvrier recevrait tous les quinze jours, ou au plus tard tous les mois, le prix de son travail.

Comme l'entrepreneur et vis-à-vis de lui, il est responsable de ses travaux.

Le conseil des prud'hommes ferait dresser, en outre, un état complet du nombre des établissements nécessaires à l'industrie dans l'arrondissement.

Il ferait une pareille enquête pour l'agriculture, qui relaterait avec soin les endroits où les bras manquent, les terrains propres à être défrichés, les sommes nécessaires à ces dépenses, etc., et la quantité d'ouvriers à y employer.

J'ai toujours pensé que le mode, le plus avantageux au travailleur comme à l'État, est de faire ces défrichements à la tâche.

Les ouvriers, en s'associant entre eux, peuvent entreprendre de certains lots, et par là on peut toujours fixer les dépenses d'une manière à peu près certaine.

Par cela même, l'ouvrier peut profiter du bénéfice de l'entrepreneur, il est intéressé et beaucoup plus attaché à ses travaux, et ne se trouve plus à la discrétion d'un homme qui, sans peine et sans fatigue, recueille le fruit de ses sueurs.

Aussi, pour moi, ce système est préférable à tous les autres; car, dans un autre cas, l'État, chaque fois qu'il a dû traiter avec de grandes associations, n'y a trouvé que des mécomptes.

En effet, s'il met ses travaux à la journée, on lui fait des heures, et non du travail.

§ II.

Projet d'association.

Sous un gouvernement qui a pris pour devise ces trois mots :

LIBERTÉ, ÉGALITÉ, FRATERNITÉ,

tous les hommes sont frères et doivent concourir à l'affranchissement du genre humain.

La société actuelle est un corps dont les membres sont dispersés et qui ne peut exister sans former, comme le corps humain, un tout agissant par la même volonté, composée de deux classes bien distinctes, ceux qui possèdent et ceux qui ne possèdent pas; leur séparation tient au même mal, au même tourment, l'incertitude de l'avenir.

Un remède simple en principe et qui en pratique trouvera sa solution avec le temps établirait pour toutes deux une communauté si désirable à leurs intérêts.

Cette solution existe, elle est en notre pouvoir; formons entre nous un point de contact solidement établi, que la solidarité de notre existence soit organisée légalement, et nos intérêts deviendront communs, nous unirons le pauvre au riche; ces membres épars n'auront plus qu'une action commune qui profitera à la prospérité de tous.

Si nous lisons l'histoire civile de notre pays, nous voyons qu'à toutes les époques la France a eu des pauvres à nourrir, mais qu'aucune organisation sérieuse n'a été tentée pour leur venir en aide.

A l'aumône capricieuse du grand seigneur d'autrefois nous avons, dans notre société moderne, substitué les secours votés par les conseils municipaux, secours qui presque toujours sont mal répartis et humilient ceux qui les reçoivent.

Que chacun se fasse avec moi ces questions:

L'homme doit-il mourir de faim?

L'humanité, la raison répondent : Non.

La société lui doit-elle garantir des moyens d'existence?

Oui, répond encore tout ce que notre cœur contient de sentiments.

Nous sommes donc solidaires les uns des autres :

Dieu et l'humanité l'exigent.

Après une telle affirmation, il est évident que, dans l'état actuel des choses, le riche est obligé de subvenir au besoin du malheureux sans prévoir le terme où il n'aura plus rien à lui donner.

Ce n'est qu'en aidant l'ouvrier à se garantir de la misère que le riche peut prévenir à éteindre cette subvention.

Le fruit de mes réflexions me porte à comprendre que notre existence à tous est liée au principe d'association.

Pour atteindre ce but, il faut former, sous la tutelle du gouvernement avec l'autorité de tous, une association de tous les citoyens.

Chacun de nous serait porteur d'un livret au nom de la société et où seraient inscrites toutes les sommes par lui versées.

Ces versements se feraient tous les mois et pourraient s'élever de 1 franc à 1 franc 50 centimes par mois.

Dès l'âge de 16 ans, chaque sociétaire de l'un ou de l'autre sexe serait admis, ce qui produirait environ 25 millions de souscriptions à 15 francs par an.

Ce produit, comme revenu annuel, s'élèverait à 75 millions de francs.

La direction de cette vaste société serait confiée au gouvernement même et sous le contrôle d'un certain nombre de représentants qui seraient renouvelés annuellement sans pouvoir fonctionner deux années de suite. Chaque département aurait un conseil supérieur en correspondance avec le pouvoir central, il y en aurait également un par arrondissement, et enfin dans chaque canton existerait un conseil de famille des membres chargés de recevoir les fonds de l'association.

L'emploi de ces fonds serait déterminé tous les ans par les chambres législatives comme le budget de l'État.

Tous ces fonds devront être versés dans les caisses départementales dans le courant de la première huitaine de chaque mois au plus tard.

Toutes les formalités pour les maniements et versements de fonds seront l'objet d'ordonnances spéciales faites par les commissions des assemblées législatives.

Tout sociétaire voyageant et qui ne quitte pas le territoire français verse et continue son association là où il se trouve.

Dans le cas absolu où le payement de la cotisation serait impossible à des sociétaires, il serait décidé par les conseils des mesures qu'il conviendra de prendre soit en imposant les villes ou communes, lesquelles se réserveraient le droit de faire acquitter la dette, soit par des retenues journalières ou par un travail fait pour le compte de la commune.

Les fonds de la souscription serviraient à fonder dans chaque département un hôtel civil des invalides, et dans l'état actuel on solliciterait du gouvernement l'abandon dans chaque département d'un édifice public qu'on rendrait propre à cette destination.

A soulager les malades,

A payer les médecins dont les clients sont trop pauvres pour pouvoir le faire,

A prendre soin des veuves et des orphelins.

Dans le cas où un sociétaire aurait le droit à jouir du bénéfice de l'hôtel des invalides et qu'il préfèrerait rester dans ses foyers, il sera établi pour ce cas le montant uniforme pour tous d'une pension civile.

On comprend sans peine que je ne fais qu'indiquer ici d'une manière sommaire toutes les principales dispositions d'un projet que toute la sagesse des hommes les plus distingués de notre pays devra étudier, et qui, en pleine activité, aura besoin d'être perfectionné tous les jours dans ses voies d'exécution.

Aussi des conseils seraient-ils tenus au moins une fois par mois soit dans les cantons ou chef-lieux d'arrondissement et de préfecture, soit même dans le sein des assemblées législatives, afin d'examiner toutes ces questions, de rechercher les abus et les vices de la société et d'indiquer les réformes utiles à introduire pour assurer la réussite de cette association fraternelle, qui bientôt, grâce à ces sages institutions, ne tarderait pas à en faire disparaître les vices. Nous verrions alors la confiance et l'union régner partout; le travailleur, se voyant à l'abri du besoin dans sa vieillesse, se livrerait tout entier au service de la société, ne se laisserait pas aller à des conseils perfides auxquels la misère prête souvent un caractère de vérité qui l'entraîne à des excès coupables, tandis que par ses heureux effets l'association nous rendrait tous frères.

Comme on le voit, grâce à ce système, tous les hommes seraient obligés de s'occuper de celui qui souffre, que le malheur accable et qui se voit dans l'impossibilité de payer, lui épargneraient la peine de recevoir sans l'avoir mérité, et lui rendraient le courage et la certitude de son existence.

§ III.

Du droit au travail.

La nature, si grande et si sublime dans sa création, a donné à l'homme des besoins d'alimentation indispensables à son existence.

Le levier qui fait mouvoir cette existence est composé de trois éléments, le capital, le travail et le talent; il a son point d'appui sur l'agriculture et l'industrie.

Le point d'appui sur l'agriculture est solide et immuable, car les produits de l'agriculture sont réels et utiles à toute la société, affranchis de la concurrence et assurés de leur écoulement, de plus, sans aucun délai pour les payements, offrant encore au travailleur la garantie de l'emploi de son temps à toute époque de l'année.

Le point d'appui sur l'industrie est mouvant et flexible; il laisse souvent glisser ceux qui s'y sont attachés, brise leur existence et entraîne à sa suite la ruine de plusieurs familles, tandis que, au contraire, le placement pour l'agriculture est toujours assuré de son produit.

Le travail de l'industrie ne compte pour garantie que sur le superflu de nos besoins alimentaires; par conséquent, son existence est liée aux caprices de la fortune et de ceux qui possèdent; et quoique le besoin absolu de quelques branches soit incontestable, les autres branches n'en sont que des accessoires séduisants, utiles à l'adoucissement et au bien-être de notre existence, et surtout aux progrès de la civilisation; mais comme nous l'avons vu précédemment, le maintien de l'ordre dans l'État est fortement attaché au développement de sa prospérité, car la quantité d'hommes appartenant à l'industrie et la somme élevée du capital qui lui sert d'auxiliaire lui ont fait perdre l'équilibre en prouvant ses excès et nous dotant de la misère ainsi que de la faillite.

Aussi l'industrie, depuis les dernières années, n'a-t-elle cessé d'être désavantageuse tant au fabricant et au commerçant qu'à l'ouvrier même.

Le dernier gouvernement, qui tirait d'elle son origine et sa force, avait à son existence le plus grand intérêt, elle était pour lui une question d'ordre et de vie; aussi a-t-il fait, pour la pousser en avant, les plus grands sacrifices.

Il en avait fait le point culminant de sa politique, c'était la question de la plus haute importance, car sans sa prospérité l'exportation et l'importation étaient arrêtées, et c'était tarir la source du revenu public; comme question de maintien, elle n'en avait pas moins à ses yeux; car sans travail, ses nombreux ouvriers se seraient révoltés, et par conséquent sa chute était inévitable.

Aujourd'hui, la République n'a plus les mêmes ménagements à garder, et si les besoins privés des hommes commandent le respect, les excès de ce mauvais système sont trop palpitants pour que nous puissions suivre la marche du passé.

Profitons donc de cette expérience pour améliorer le sort de l'industrie en cherchant à donner la plus grande extension possible à notre commerce dans un moment où tous les peuples sont en fermentation et où toutes les pensées sont tournées vers l'affranchissement des conditions sociales.

La garantie, nous devons la chercher dans nos moyens de défense et de sécurité.

Mais l'agglomération de l'industrie a mis à l'ordre du jour la question du droit au travail et du droit à l'assistance, problème qui semble attaquer le système social existant.

Comme nous l'avons vu, la garantie de la propriété est attachée par un lien commun à celle de l'existence de celui qui ne possède pas, et cette existence ne peut être légalement garantie que par le travail.

En conséquence, nier la garantie du travail, c'est contester le droit de vivre, c'est attaquer la propriété.

Accorder la garantie à l'assistance, c'est l'aumône seulement qui dégrade, et au résultat c'est voler la société légalement en donnant au pauvre ce qui ne lui appartient pas.

De plus, l'homme oisif devient paresseux ; il inventera mille moyens pour prolonger les secours que vous lui accorderez, vous serez obligé de recourir à des frais de surveillance toujours dispendieux, et, si vous venez à lui refuser cette assistance, les mauvais penchants qu'il aura contratés le conduiront à la débauche, et de la débauche au vol il n'y a qu'un pas.

Nourrir un homme à travailler ou à ne rien faire, il faut toujours le nourrir, mais avec cet avantage pourtant que l'homme qui travaille s'améliore, tandis que l'oisiveté en fait souvent un citoyen dangereux, La difficulté consiste donc à trouver de l'ouvrage qui produise et soit utile à l'État. C'est cette difficulté qui faisait dire au citoyen Thiers, dans un discours prononcé au comité de constitution, que l'on ne devait pas promettre ce qu'on n'est pas certain de tenir, et qui lui faisait préférer le droit à l'assistance, en appuyant son argumentation sur ces faits : « que l'on mette à ma disposition les moyens de donner du travail à tous les ouvriers à toutes les époques, et je l'inscrirai dans la constitution. »

Donner du travail à chacun suivant sa spécialité ou son métier est chose impossible, mais changer de travail n'est pas une difficulté insurmontable, et je prendrai pour exemple, entre mille, que cette année, dans nos contrées mêmes, des ouvriers de diverses professions sont venus faire la moisson à la tâche, et qu'ils ont sapé les blés plus habilement que les Belges, qui passent pour d'excellents ouvriers en ce genre.

Est-ce à l'État ou à l'administration municipale que l'ouvrier sans ouvrage doit s'adresser? A mon avis, ce ne peut être au conseil municipal, dont les moyens sont toujours très-bornés, et où quelquefois il peut rencontrer des influences pernicieuses, tandis qu'au contraire l'État exerce son action partout et peut disposer dans cent endroits différents de travaux d'une utilité indispensable.

L'existence sociale repose sur trois forces motrices se mouvant les unes par les autres :

L'armée, la marine et les travailleurs.

L'armée et la marine sont organisées depuis longtemps; dans des temps éloignés de nous, la nécessité d'établir pour défendre le royaume contre les agressions étrangères fit comprendre à un de nos rois (Charles VII) le besoin de substituer une armée régulière aux bandes indisciplinées qui composaient ses forces, et qui lui échappaient soit par des influences funestes, soit encore par l'absence de lois qui les astreignissent à un service aussi indispensable. Son idée mise à exécution, dès ce moment des expéditions régulières purent être entreprises et menées à bien; forts de cet exemples, successivement, tous les soins des gouvernants se portèrent sur ces deux puissants mobiles de leur pouvoir et amenèrent les heureux résultats d'organisation pour l'armée et la marine où nous les voyons aujourd'hui.

L'encombrement, la mauvaise répartition des forces des travailleurs, nous font reconnaître l'urgence de procéder à l'organisation de l'industrie.

Que l'État, qui connaît exactement les forces de ses armées de terre et de mer, veuille bien faire pour les forces dont peuvent disposer l'agriculture et l'industrie ce que dans le passé on a fait pour l'armée, et avant quelques années il aura assuré un avenir immense aux débouchés des ressources de notre pays.

Aujourd'hui, l'État ne peut disposer d'aucun travailleur pour les envoyer sur un point quelconque du territoire, y eût-il pour lui péril, et, s'il lui arrive d'en trouver, il se voit exposé à des prétentions souvent suscitées par des conseillers perfides qui rendent toute transaction impossible.

D'un autre côté, l'ouvrier rend à la société des services assez grands pour qu'en retour celle-ci lui garantisse son existence, mais cette garantie ne peut exister sans condition de la part de l'État.

Examinons donc quelles doivent être les conditions qu'un État républicain doit imposer à la société.

Pour que cet État puisse garantir les droits de chaque citoyen, leur existence et la paisible jouissance de leur propriété,

Il faut que, comme pour l'armée, le travailleur contracte un engagement qui donne à l'État l'assurance que pendant ce laps de temps il lui appartiendra tout entier, et qu'en conséquence il puisse disposer entièrement de lui à son gré, selon ses besoins et ses nécessités agricoles ou industrielles.

D'ailleurs, ces conditions diffèrent peu de notre état actuel; car, dans des temps difficiles, notre vie comme notre bien appartiennent à l'État.

Si nous examinons les conditions de la vie maritime, nous voyons les matelots classés à la disposition du ministre de la marine toute leur vie, et de cette combinaison découle la garantie organisée de la défense de nos colonies, de nos ports et de nos forces maritimes.

Dans l'armée, le service, en temps de paix, est temporaire; mais si la guerre survient, le soldat reste sous les drapeaux jusqu'à la paix, et cette armée permanente forme la garantie de notre considération à l'extérieur, de tranquillité à l'intérieur, ainsi que la sécurité de nos places fortes et l'inviolabilité de notre territoire.

Comme nous pouvons le voir, cette organisation précieuse assure à la France une sécurité parfaite, et ces classifications subies sans récriminations de la part des jeunes gens en vertu de la loi du recrutement attendu leur nécessité évidente, croit-on que des hommes habitués au travail refuseraient de se livrer à des travaux utiles et honorables destinés à enrichir la société? non, sans aucun doute, on trouverait de ces hommes comme d'autres vont risquer leur vie sur le champ de bataille ou l'exposer sur des mers lointaines à bord d'un navire, sans aucun profit personnel.

Puisque notre temps appartient à l'État, que l'État forme donc une armée de travailleurs, qu'il la répartisse sur toute la surface du territoire, et qu'à l'instar de l'armée ou de la marine ces hommes puissent librement y faire un temps prescrit par la loi ou par engagement volontaire.

Voilà dans quel sens il convient de comprendre la garantie au travail, et c'est aussi seulement sous ce point de vue que l'État peut organiser le travail à son compte.

En effet, pour qu'il puisse vous garantir, il faut qu'il puisse disposer de vous à sa volonté en cas d'urgence; comme il ne peut créer du travail pour chaque travailleur d'une industrie quelconque, il ne peut vous employer que pour son utilité, s'il ne veut pas que la société en souffre.

PROJET D'ORGANISATION

d'une armée civile de travailleurs au compte de l'État.

Art. 1er. Tous les citoyens, sans exception de fortune, seront classés à l'âge de quatorze ans et feront partie d'un corps de travailleurs au service de l'État.

Art. 2. Il pourra être admis des engagés volontaires de douze à soixante ans.

Art. 3. Un service de six mois à deux ans sera exigé pour chacun des incorporés.

Mais, en dehors de ce classement, il lui sera permis d'apprendre l'état qui conviendrait à ses goûts personnels.

Art. 4. Une certaine partie des travailleurs (le chiffre en sera désigné en vertu d'une loi spéciale) ainsi que les engagés volontaires seront mis à la disposition des ministres de l'agriculture et des travaux publics.

Art. 5. Tous les ans, la session législative décidera le chiffre des hommes qu'il conviendra d'appeler sur les travaux.

Art. 6. L'avancement et les dispositions administratifs, ainsi que le traitement et les salaires des travailleurs, seront fixés par des lois spéciales.

Art. 7. L'appel de toutes les classes ne pourra avoir lieu qu'en vertu des ordres des sessions législatives.

Nul des travailleurs ne pourrait contracter mariage avant l'âge de vingt-cinq ans et sans l'autorisation du ministre du département duquel il ressortirait.

Art. 8. Les ouvriers seront soumis au régime et à la discipline militaires. Les engagements ne pourront être moindres de trois années. Ils ne recevront qu'un prêt quotidien de 25 à 35 centimes. Le reste du produit de leur travail sera converti en une masse portant intérêt de 3 pour 100, dont les intérêts et le principal seront payés à l'expiration de leur engagement ou de leur libération. Toutefois, et sur sa demande, d'après l'avis du conseil spécial, il pourra en être délivré à un travailleur une partie qui ne pourra jamais excéder les deux tiers de sa masse.

Cette retenue permettra aux sociétaires de rentrer avantageusement dans la vie civile et leur assurer le moyen de s'établir, avantage qui manque aux soldats congédiés.

Art. 9. Un certain nombre de corps d'État seront créés par l'État suivant ses besoins.

On fixera pour chaque métier le nombre d'ouvriers et d'élèves nécessaires.

Ces corps n'exécuteront que des travaux entrepris pour cause d'utilité publique.

La masse des travailleurs sera répartie sur les travaux agricoles.

Tous ces travaux seront exécutés à la tâche, d'après des tarifs dressés à l'avance.

Outre l'indemnité quotidienne, les travailleurs seront nourris, habillés par l'État, sauf les exceptions d'usage à l'armée.

Art. 10. Dans les temps de chômage, il sera créé des détachements d'ouvriers auxiliaires qui seraient placés dans chaque département sous les ordres des chefs des compagnies organisées.

Dans les compagnies ne seront admis que les hommes mariés ayant des enfants. Ces ouvriers seraient reçus sans engagement et resteraient toujours libres de se retirer.

Ce qui leur permettrait d'être à même de reprendre toujours leurs premiers travaux, plus productifs pour eux, et qui donnerait à l'État deux classes d'ouvriers, la première sédentaire, l'autre mobile, mais toutes deux parfaitement organisées.

Comme on le voit, dans ces limites, la garantie du travail est possible, l'industrie privée y trouve une facilité de travaux qui n'existe plus en disposant d'un grand nombre de bras qui aujourd'hui l'encombre; elle empêche une trop grande procréation en retenant jusqu'à vingt-cinq ans, un grand nombre de jeunes gens qui, restés dans leurs foyers, se marieraient souvent avant cet âge... C'est presque la création des constitutions monastiques du moyen âge, en laissant toutefois à l'homme sa liberté d'action et de pensées; enfin, elle assure au pays le défrichement et la possibilité d'exécuter de grands travaux qui concourront à sa gloire et à sa grandeur.

PAUPE, serrurier-mécanicien.

Brie-Comte-Robert, 10 septembre 1848.

www.ingramcontent.com/pod-product-compliance
Lightning Source LLC
LaVergne TN
LVHW010302230826
846091LV00007BB/2669

* 9 7 8 2 0 1 1 7 6 6 7 8 6 *